DIE REIHE
Archivbilder

ECKERNFÖRDE

John Spethmann (1831-1902), Tabakfabrikant, war um 1870 wohl der erste Eckernförder, der den Rasen auf seinem Grundstück zwischen Schulweg und Gartenstraße maschinell mähte.

DIE REIHE
Archivbilder

ECKERNFÖRDE

Uwe Beitz

**ALAN
SUTTON**

Sutton Verlag GmbH
Gustav-Adolf-Straße 3
99084 Erfurt

1. Auflage 1999

Copyright © Uwe Beitz

ISBN 3-89702-156-0

Druck: Midway Clark Printing, Wiltshire, England

Die Aufnahme Walter Baaschs aus den späten zwanziger Jahren zeigt das Stadtbild mit den für jene Zeit typischen hohen Schornsteinen der Räuchereien, die es heute alle nicht mehr gibt.

Inhaltsverzeichnis

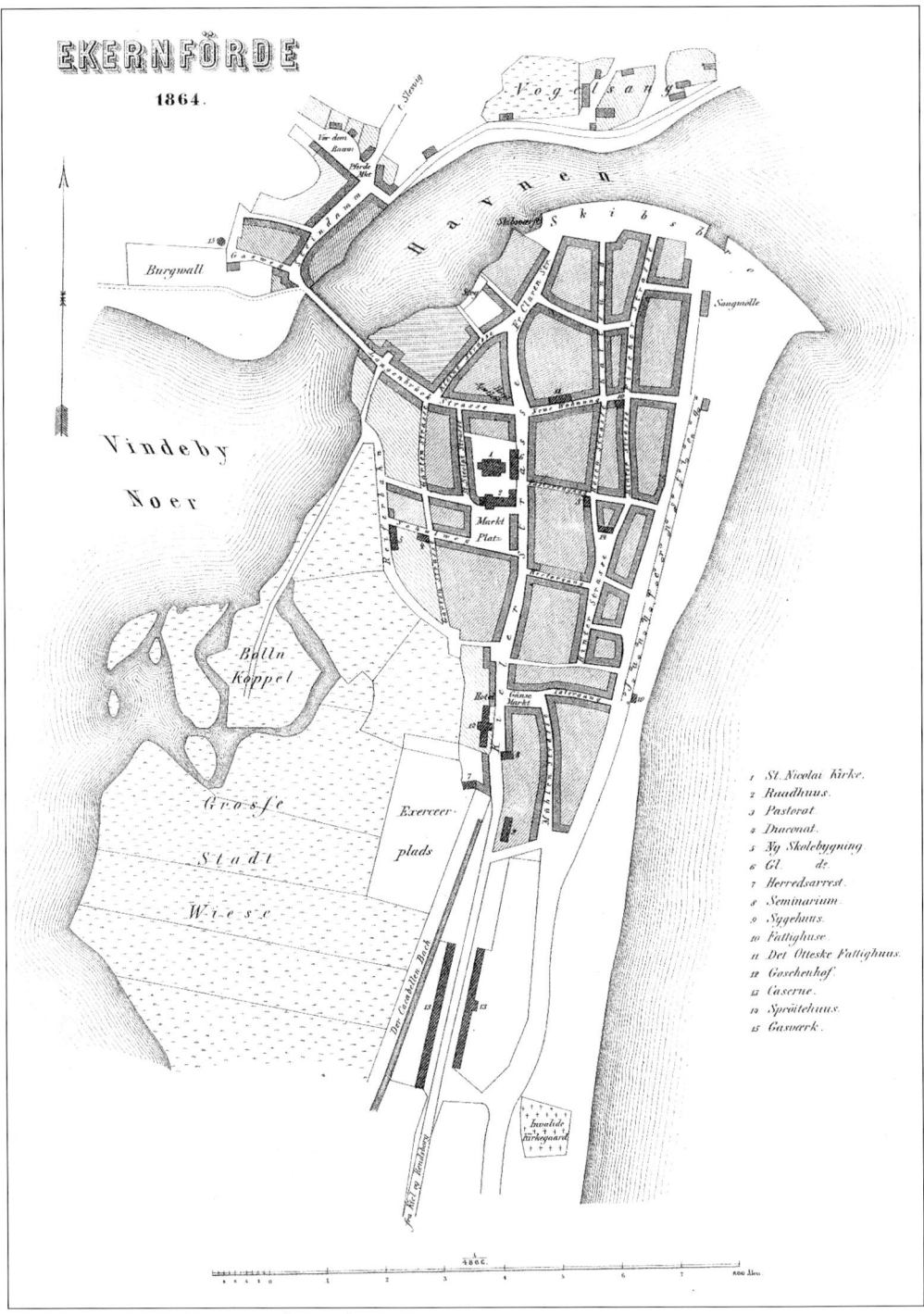

Ein dänischer Stadtplan aus dem Jahre 1864.

Einleitung

Noch gibt es von Eckernförde keine umfassende Darstellung seiner Fotografiegeschichte. Zu spärlich sind die Quellen, die uns verläßliche Nachrichten über die um die Mitte des 19. Jahrhunderts in der Stadt tätigen Personen und eventuell vorhandenen Ateliers liefern könnten. Und wann die ersten durchreisenden Wanderfotografen in der Stadt auftauchten, ist auch nicht aktenkundig, es muß sie aber schon vor der für 1853 überlieferten Gründung eines Ateliers von Johann Friedrich Theodor Baasch (1819-1872) gegeben haben. Selbst dieser Zeitpunkt läßt sich (noch) nicht verläßlich nachweisen. Als ein Indiz dafür, daß es in Eckernförde vor der Jahrhundertmitte noch keinen ortsansässigen Fotografen gegeben hat, läßt sich das Fehlen jeglicher Aufnahmen, gerade auch von Porträts, vom sogenannten Gefecht bei Eckernförde am 5. April 1849 deuten, dessen spektakulärer Ausgang mit der Explosion des dänischen Linienschiffes „Christian VIII." ein europaweites Echo fand.

Die ältesten der in diesem Buch versammelten Fotografien sind um 1870 entstanden. Das Stadtarchiv und Museum Eckernförde, deren Beständen sie entnommen sind, bewahren noch einige ältere Porträtaufnahmen im Visitenkartenformat auf, doch wurde aus verschiedenen Gründen auf ihre Präsentation verzichtet. Immerhin überliefern uns diese Porträts aber Namen von Fotografen, die in anderen Quellen nur schwer greifbar sind: Wilhelm Hansen, Heinrich Völlner, um nur zwei Beispiele zu nennen.

Erst ein anderes Jahrhundertereignis, die schwere Sturmflut vom 13. November 1872, holte Fotografen wie die zwei eben genannten aus ihren Ateliers auf die Straße, wo sie das Ausmaß der Zerstörungen an Häusern und Denkmälern mit der Kamera festhielten, nicht ohne kommerzielles Interesse, wie zahlreiche Annoncen in der „Eckernförder Zeitung" belegen. Von nun an häufen sich die Stadt- und Landschaftsaufnahmen, so daß sich mit ihnen ein erstes, noch unvollständiges Bild einer schleswig-holsteinischen Kleinstadt am Ende des Jahrhunderts machen läßt. Andere Städte, Schleswig etwa, können da auf umfangreichere Belege zurückgreifen.

Johann Friedrich Theodor Baasch, kurz Johann Baasch genannt, hatte als Sohn des Malers Hans Friedrich Baasch (1784-1853) eine künstlerische Ausbildung an der Kopenhagener Akademie erfahren. Die politischen Ereignisse um die Jahrhundertmitte machten es dem jungen Künstler, der seinen Lebensunterhalt mit Porträtieren hätte bestreiten können, nicht leicht. Zunächst wandte er sich der Landschaftszeichnung zu und hielt seine Heimatstadt in zahlreichen Arbeiten fest. 1853 soll er dann, so überliefert es die Familienchronik, ein Fotoatelier gegründet haben, ohne daß wir erfahren, wie und wo er sich die Anfangsgründe der Fotografie angeeignet hat. Erst in den sechziger Jahren trat er mit Zeitungsanzeigen an die Öffentlichkeit. Die Sturmflut, die ihm vielleicht einen größeren Bekanntheitsgrad hätte verschaffen können, hat er nicht mehr erlebt. Geblieben ist ihm, daß er eine Familientradition gründete, die noch zwei Generationen umfaßte: Zwei seiner Kinder, Dorothea und Friedrich, traten in seine Fußstapfen und bauten das Geschäft aus. Friedrichs Sohn Walter, der ab 1919 das Atelier führte, gilt als der bedeutendste Fotograf in der Familie, der zugleich aber auch die künstlerische Ader wiederentdeckte.

Seit den achtziger Jahren treffen wir aber auch auf andere Namen, die sich in der Stadt etablieren konnten, oder sagen wir besser: Es gab zwei Adressen, unter denen sich Ateliers mit kurzzeitig wechselnden Inhabern finden, beide lagen in der Kieler Straße. Das Haus Kieler Straße 84 im Süden der Stadt, in dem z.B. ab 1880 Christian Friedrich Nissen tätig war, und das Haus Kieler Straße 36, im Zentrum, dessen Fotoatelier innerhalb von rund sechs Jahren nacheinander Jörgen Christensen, Gerhard Schmidt und Georg Haltermann bezogen. Einzig Georg Haltermann (1868-1955) hielt es in der Stadt, da er offensichtlich gewillt war, bei den regelmäßigen Aufträgen von Baugewerkschule und Lehrerseminar in Konkurrenz zu Friedrich Baasch (1855-1940) zu treten. Auch seine topographischen Aufnahmen können jenen seines Konkurrenten standhalten.

Um 1907 verzeichnet dann das Eckernförder Adreßbuch auch in Borby ein Fotoatelier: Theodor Willmer (1871-1954). Sein Schwiegersohn Herwig Schencke übernahm später das Atelier und führte es bis in die frühen fünfziger Jahre weiter.

Walter Baasch (1888-1964) ist schließlich für den im Buch behandelten Zeitraum der letzte der großen Eckernförder Fotografen, der mit seinen Aufnahmen von den zwanziger Jahren bis in die vierziger Jahre hinein das Bild der Stadt und die landschaftliche Umgebung dokumentiert hat.

In der ersten Hälfte des 19. Jahrhunderts noch eine verschlafene Kleinstadt setzte eine in jeder Hinsicht rege Stadtentwicklung erst mit dem Beginn der Preußenzeit ab 1866 ein. Das Bauwesen nahm einen enormen Aufschwung: Schulen, Post, Gericht, Gaswerk, Eisenbahnen und Kreisverwaltung machten Eckernförde zu einem administrativen und kulturellen Zentrum. Die Wirtschaft blühte auf, insbesondere Fischfang und Fischräucherei gaben dem Stadtbild ein besonderes Gepräge. Bis zum Ersten Weltkrieg hielt diese Entwicklung an, dann setzte gerade in der Fischereiwirtschaft der unaufhaltsame Niedergang ein. In den zwanziger Jahren taten die Stadtoberen alles, um neue Wirtschaftszweige zu fördern. Bürgermeister Dr. Pönitzsch machte das Thema Tourismus zur Chefsache und trieb den Aufbau eines Ostseebades Eckernförde, an dessen Anfang die Herrichtung eines sauberen Badestrandes und einer Städtischen Badeanstalt am Strand standen, energisch voran. Die Stadt profitiert noch heute davon.

In den dreißiger Jahren beherrschten militärische Interessen die städtische Wirtschaft, der Ausbau der Torpedo-Versuchs-Anstalt (TVA) mit bis zu 5.000 Beschäftigten stellte große Anforderungen an die Bautätigkeit in der Stadt. Wohnungsbauunternehmen ließen manche Siedlung aus dem Boden wachsen. Die Zwangseingemeindung Borbys 1934 schuf zusätzlichen städtischen Baugrund, so daß sich das bebaute Stadtgebiet rasch nach Norden und Süden ausdehnte.

Von größeren Zerstörungen durch Bombardierungen verschont, befand sich die Stadt am Ende des Zweiten Weltkrieges eigentlich in einer vergleichbar guten Startposition. Allein die Not der Flüchtlinge, die zu Tausenden die Stadt in den letzten Kriegswochen überschwemmt hatten, stellte die Verwaltung vor große Probleme. Als dann noch die militärischen Anlagen der TVA gesprengt wurden, schien Eckernförde vor dem wirtschaftlichen Ruin zu stehen. Doch ein wirtschaftspolitisches Konzept, das die Neuansiedlung von Industrien und den Ausbau und die Förderung des Tourismus vorsah, verhalf der Stadt zu einem Aufschwung, der im hier besprochenen Zeitraum bis zum Beginn der sechziger Jahre noch anhielt.

Das Konzept des Buches hat sich diese Entwicklungslinien zu eigen gemacht, wenn auch, mangels entsprechenden Bildmaterials, nicht jeder dieser Stränge im Bild gleichermaßen dokumentiert werden kann. Besonders der umfangreiche Siedlungsbau in den zwanziger und dreißiger sowie in den fünfziger Jahren ist mit zeitgenössischen Fotografien nur spärlich zu belegen, als ebenso schwierig belegbar stellt sich die unmittelbare Nachkriegszeit 1945 bis 1950 heraus. So wird der Leser und Betrachter dem einen oder anderen bekannten Foto begegnen, doch bietet auch manches bisher unveröffentlichte sehr aufschlußreiche Einblicke in eine Stadtgeschichte, die in den gezeigten 130 Jahren von Höhen und Tiefen geprägt war.

Uwe Beitz

1
Ein Kapitel
Fotografiegeschichte

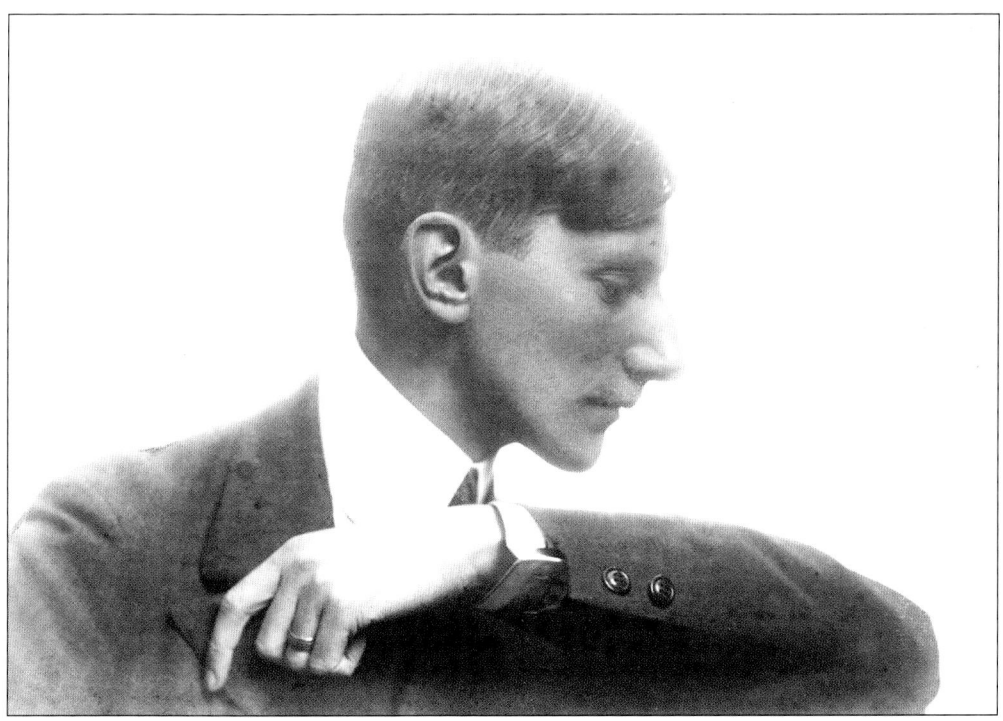

Walter Baasch in der Pose eines Dandys, wie er sich selbst als 25jähriger sah. Seine Fotos aus den zwanziger und dreißiger Jahren dokumentieren das verlorengegangene Eckernförde.

Um 1853 begründete Johann Friedrich Theodor Baasch (1819-1872) mit der Einrichtung eines Ateliers die Fotogeschichte seiner Familie.

Respektlos setzte der etwa zehnjährige Sohn Johannes seinen Fuß auf die erste Studiokamera und zeigte damit an, daß er wohl nicht in die Fußstapfen des Vaters treten wird.

Etwa um 1867 fotografierte Johann Friedrich Theodor Baasch seine Kinder vor dem geschmückten Weihnachtsbaum: links Dorothea („Dora"), rechts Friedrich, davor Margarete und Johannes.

Um 1880 ist das Wohn- und Atelierhaus in der St. Nicolaistraße, vor dem Dora Baasch steht, ein eher unauffälliges Gebäude. Nur Schaukasten und -fenster weisen auf das Gewerbe der Fotografen hin.

Dora Baasch (1853-1915) führte nach dem Tod ihres Vaters, ermöglicht durch eine Kurzausbildung in Kiel, von Ende 1872 bis zum Einstieg ihres Bruders Friedrich im Jahre 1878 das Geschäft (J.F. Baasch Wwe.) allein weiter.

Nach der Geschäftsübernahme 1884 ließ Friedrich Baasch das Haus zu einem modernen Ateliergebäude umbauen.

Durch seine Fotografien, mit denen er das Eckernförde der Jahrhundertwende dokumentierte, erlangte Friedrich Baasch (1855-1940) so viel Ansehen, daß er, wie schon sein Vater, in die Ratsversammlung gewählt wurde.

In den achtziger und frühen neunziger Jahren gaben sich die Fotografen in der Kieler Straße 36 die Türklinke in die Hand, bis 1893 Georg Haltermann (1868-1955) das Atelier übernahm. Er blieb in Eckernförde und zeigte, daß er eine ernstzunehmende Konkurrenz für Friedrich Baasch war.

2
Am Ende des
19. Jahrhunderts

Um 1890 wagte Jörgen Christensen, ein Vorgänger Haltermanns, einen Blick in die St. Nicolai-Kirche, ehe er den kühlen Norden mit dem sonnigen Süden tauschte und nach Italien zog. Sein Nachfolger Gerhard Schmidt übernahm nicht nur die Ateliereinrichtung, sondern auch die Fotografien, die er unter seinem Namen weiter verkaufte.

Am 13. November 1872 zerstörte eine gewaltige Sturmflut zahlreiche Häuser Eckernfördes. Beschädigt wurde auch das nur zwei Jahre zuvor zur Erinnerung an den 5. April 1849 errichtete baldachinüberbaute Süderschanzendenkmal.

Besonders betroffen waren die Häuser am Jungfernstieg und in der Mühlenstraße. Die Aufnahmen der beiden Seiten entstanden in den ersten Tagen nach der Katastrophe.

Auch das Borbyer Ufer wurde schwer geschädigt, wie hier beim Hotel „Belvedere", später „Kaiserhof".

Das Haus Reusch am Vogelsang erlitt nur leichteren Schaden. Im Hintergrund ist im Dunst die provisorische Pontonbrücke für Fußgänger zu erkennen, die als Ersatz für den zerstörten Steindamm die Verbindung zwischen Eckernförde und Borby herstellte. Sie wurde noch 1872 durch eine Holzbrücke ersetzt.

Georg Haltermann fotografierte um 1900 den Netzetrockenplatz östlich der Holzbrücke auf Borbyer Seite. Später entstand hier eine Werft.

Die Schiffbrücke mit dem alten Zollhaus an der Ecke zur Fischerstraße, Ende der achtziger Jahre.

Das etwa zur gleichen Zeit entstandene Foto zeigt den Blick über den Hafen in Richtung Noor: Die Schäden der Sturmflut waren beseitigt, Holzbrücke und wiederhergestellter Steindamm gestatteten einen bequemen Übergang.

Friedrich Baasch zeigt den westlichen Teil des Hafens zwischen Holzbrücke und Steindamm mit dem markanten Speicher, der noch unmittelbar an das Hafenbecken grenzt, um 1890.

Am Südende der Stadt setzte Paul Teichert, der frühere Pächter der „Bahnhofsgaststätte" Altenhof, 1898 mit seinem Hotel „Seegarten", zwischen Eisenbahn und Kieler Chaussee gelegen, ein unübersehbares Zeichen für die Entwicklung der Stadt zum Seebad.

Etwa zwanzig Jahre vorher entstand der Blick vom Hotel „Stadt Hamburg" nach Norden in die Kieler Straße, die früher auch Kurzebrückstraße hieß, da sich etwa an dieser Stelle eine Brücke über den Graben zwischen Noor und Ostsee befand.

Ende des 19. Jahrhunderts wandelt sich durch den Neubau des Tabakfabrikanten Spethmann der einheitliche Anblick des Rathausmarktes mit zumeist giebelständigen Walm- und Krüppelwalmdachhäusern.

Etwa um 1900, noch vor dem Bau der Hafenbahn, hielt Friedrich Baasch den wiederhergestellten Steindamm im Bild fest. Das letzte Haus auf der Eckernförder Seite, Langebrückstraße 34, ist die Gaststätte „Deutsche Reichshalle" von Johannes Borchert.

Am 22. März 1897 fand vor der Willers-Jessen-Schule, damals Knabenbürgerschule, die feierliche Grundsteinlegung für das Kaiser-Wilhelm-Denkmal statt. Den Segen sprach gerade Pastor Nissen von St. Nicolai.

Über zwei Jahre später fand am 12. Mai 1899 die feierliche Enthüllung des Denkmals statt.

Ein besonderes Kapitel stellen in Eckernförde die Denkmale zur Erinnerung an
die Schlacht vom 5. April 1849 dar. An
jedem Ort, der in jenem Kampf zwischen dänischen Schiffen und schleswig-
holsteinischen Landbatterien eine wich-
tige Rolle spielte, wurden um 1870 Er-
innerungszeichen aufgestellt: hier an der
Süderschanze, im heutigen Kurpark …

… und an der Norderschanze, heute das Militärgelände „Am Ort" und deshalb vom originalen
Standort versetzt.

Aber nicht nur der Heldentaten, sondern auch der Toten gedachte man: So stehen auf dem Friedhof am Mühlenberg das Denkmal für die gefallenen dänischen Soldaten …

… und jenes für Theodor Preußer, um dessen Tod bei der Explosion des dänischen Linienschiffes „Christian VIII." sich schnell Legenden sponnen. Wollte er nun die Verwundeten retten oder im Handstreich das Schiff für die schleswig-holsteinischen Farben beschlagnahmen?

Obwohl unmittelbar nach der gewaltigen Explosion die Aufräumungsarbeiten und mit ihnen die Souvenirjagd begannen, gelangte die vielleicht bedeutendste Trophäe, die Galionsfigur der „Christian VIII.", nach Coburg in den Besitz Herzog Ernst II. von Sachsen-Coburg-Gotha. Dort blieb sie bis in die Mitte des 20. Jahrhunderts, als sie in das neue Schleswig-Holsteinische Landesmuseum auf Schloß Gottorf übergeben wurde.

Bei der Gärtnerei Theede in der Kieler Chaussee, südlich der Abzweigung der Rendsburger Straße, nahm diese Gruppe Aufstellung für den Festzug zum 50. Jahrestag der Schlacht am 5. April 1899. Die Knabenkapelle der Gammelbyer Schule stellte die Kapelle des Christianspflegehauses dar, eines dänischen Waisen- und Invalidenheimes in der Kieler Straße aus der ersten Hälfte des 19. Jahrhunderts.

Die Spitze des Festzuges, den Jagdzug des Bischofs von Schleswig darstellend, erreicht das sogenannte Weiße Haus, das einst Gasthof und dann Lehrerseminar war, hier aber auf seinen Abbruch wartete, um dem neuen Königlichen Postamt Platz zu machen.

26

3
Im 20. Jahrhundert soll alles besser werden

Aus Anlaß der goldenen Hochzeit des Buchhändlers Carl Heldt und seiner Frau am 12. Juni 1905 veranstalteten Freunde ein Singspiel nach Felix Schmeissers „Pfingsten vor Fredericia".

In der Ferne ragt der neue Turm von 1894 mit der noch glänzenden Haube der Borbyer Kirche auf: Friedrich Baasch wählte für diese Aufnahme einen ungewöhnlichen Standort weit östlich der Stadt auf der Nordseite der Bucht. Das Dorf Borby versteckt sich hinter Bäumen und Hügeln.

Die hölzerne Fußgängerbrücke, deren Mitte als aufklappbarer Durchlaß für Schiffe eingerichtet ist, verbindet nicht nur zwei Orte, sondern auch zwei größere Produktionsstätten miteinander: auf Borbyer Seite die Klemmsche Eisengießerei, links im Anschnitt, und auf Eckernförder Seite die Glasausche Schiffswerft.

Man muß schon schwindelfrei sein, wenn man in so luftiger Höhe am Dachreiter der St. Nicolai-Kirche die Kupferplatten austauschen will.

Der 1640 im Chor aufgestellte Altaraufsatz des Eckernförder Holzschnitzmeisters Hans Gudewerdt d.J. ist zweifellos das bedeutendste Kunstwerk, das die St. Nicolai-Kirche aufzuweisen hat. Die Fotografie von Friedrich Baasch zeigt, mit welchem Aufwand eine solche Aufnahme nur zustande kommen konnte, mußte doch der Deckenleuchter zur Seite gezogen werden.

Das Haus Frau-Clara-Straße 4 hat eine bewegte Geschichte als Gaststätte hinter sich: Um 1865 erbaut, wurde es ab 1895 bis etwa 1952 als Café betrieben. Die Innenaufnahme von Georg Haltermann entstand vor dem Ersten Weltkrieg, als der Konditoreibesitzer Friedrich Ringer Inhaber war.

Ein paar Schritte weiter, in der Frau-Clara-Straße 8, befand sich damals die Mineralwasserfabrik von Ernst Jessen, 1869 gegründet und 1903 von Sohn Karl um einen Bier-Verlag erweitert. Heute befindet sich in dem Haus eine Kneipe.

Das Haus des Dentisten Heinrich Thöming in der Langebrückstraße 32 neben der „Deutschen Reichshalle", aufgenommen 1905, wurde einige Jahre später abgerissen, um zusammen mit den Nachbargebäuden Platz für einen Neubau des Kaufmanns Clausen zu schaffen.

Am 1. Oktober 1896 verlegte der Kürschnermeister Hans Peter Detlefsen sein Geschäft in das Haus Kieler Straße 2, das zu einem größeren Komplex aus dem 18. Jahrhundert gehörte.

Anfang des 20. Jahrhunderts erwarb der Kaufmann Hans Claussen das vormalige Manufaktur-warengeschäft von W. Jacobsen und errichtete dort einen modernen Bau im Jugendstil. 1908 übernahm Markus Witt das Geschäft und machte daraus ein modernes Modehaus, das noch heute in Familienbesitz ist.

Schräg gegenüber des Modehauses Witt, in der Kieler Straße 25, befand sich seit 1887 das Textilwarengeschäft Blöcker & von der Osten, das ab 1902 für einige Jahre an Christian Barsoe verpachtet war, sowie von etwa 1900 bis 1921 das Fettwarengeschäft von Gustav Hansen.

Das versetzte Dach verrät: Es müssen wohl zwei Häuser zwischen Rathausmarkt und Kieler Straße gewesen sein, die der Buchbinder Heinrich Heldt für seine Geschäftszwecke ausgebaut hat: In der Kieler Straße 22 befand sich das Papierwarengeschäft …

… und am Rathausmarkt die Buchbinderei. Dieses Gebäude entspricht noch der niedrigen, höchstens zweigeschossigen Bebauung des Marktes, wie sie durch eine Zeichnung der Mitte des 19. Jahrhunderts überliefert ist.

Neben den Gasthöfen „Dehn" und „Schärff" sowie dem „Ratskeller" behauptete sich seit Ende der achtziger Jahre die „Bier-Halle" am Rathausmarkt 9 als kleine Eckkneipe am Wachgang. Um 1911, als diese Aufnahme gemacht wurde, war daraus die „Süße Ecke" geworden.

Bevor Ende der dreißiger Jahre Markus Witt das kleine Haus erwarb, erhielt es die Bezeichnung „Marktkrug", wohl in Konkurrenz zum „Domkrug" am Kirchplatz.

Auf dem Wochenmarkt vor dem alten Rathaus herrschte reges Treiben, wenn auch das Waren-
angebot in der spärlichen Auslage auf den Tischen einen Vergleich mit heutigen Verhältnissen
nicht standhält.

Zwischen beiden um 1910 entstandenen Aufnahmen waren nur wenige Sekunden vergangen:
Die beiden auf ihrem Pferdewagen stehenden Männer im Hintergrund waren auf dem vorigen
Bild gerade im Begriff hinaufzuklettern, um besser ihre Waren anbieten zu können.

Auch zu anderer Gelegenheit trafen sich die Menschen auf dem Rathausmarkt, wie hier um 1910 zu einem Platzkonzert.

Ein anderer, etwas kleinerer Platz, der Gänsemarkt, bildete zu Beginn des 20. Jahrhunderts den Schauplatz für eine eindrucksvolle Demonstration der Einsatzbereitschaft der Eckernförder Feuerwehr mit Leitern, Sprungtuch und Spritzenwagen.

Eine kaum noch wiederzuerkennende Gestalt hatte der heutige Lornsenplatz an dem Schnitt-punkt von Kieler Chaussee und Rendsburger Landstraße, als dort die Gärtnerei Horchfeil ihre Dahlienzucht betrieb.

Der Blick in die Gegenrichtung zeigt rechts die Häuser an der Kieler Chaussee, in der Mitte hinter den Bäumen verbirgt sich der noch heute bestehende Bahnübergang.

Vom 25. bis 27. Juni 1910 herrschte aus Anlaß des 19. Niedersächsischen Sängerbundesfestes ein fröhliches Treiben in der Stadt. Am Sonntag nahm der Festzug Aufstellung an der Schleswiger Chaussee, darunter auch der Wagen der Eckernförder Fisch-Industrie, der einen Räuchereibetrieb darstellte.

Der Weg des Zuges führte in südlicher Richtung durch die Kieler Straße zum Exer, wo die Festhalle auf die Teilnehmer wartete. Die Spitze des Zuges mit zwei berittenen Herolden passierte gerade das neue Postamt.

Den Herolden folgte der Festwagen mit Ehrengästen und Festausschuß und dahinter der Wagen der Vereinigten Gesangvereine, das deutsche Lied darstellend.

Mangels größerer Versammlungsräume ließ die Stadt nach Plänen des Architekten und Bauschullehrers Seidemann eine Festhalle bauen, die 2.050 Sitz- und 900 Stehplätze bot. Zum Hauptkonzert am Sonntagabend waren 2.500 Sänger und ein 70-Mann-Orchester angekündigt.

„Silver Crescent"
die geheimnisvolle Jacht der fünf Engländer,
die wegen Verdachts der Spionage in
Eckernförde verhaftet, inzwischen aber
wieder auf freien Fuss gesetzt wurden.

Nur zwei Jahre später war jene Freude verflogen und Kriegshysterie griff um sich: Wie sonst ist zu erklären, daß am 3. August 1912 fünf englische Segler auf ihrer Yacht „Silver Crescent" als vermeintliche Spione verhaftet wurden? Sie mußten mangels Beweisen wieder freigelassen werden.

Nach dem Kriegsausbruch 1914 wurden zahlreiche Nagelungen durchgeführt, mit denen die Kriegskasse aufgefüllt werden sollte. In Eckernförde begann die Nagelung am 21. Oktober 1915 im Beisein des Bruders Kaiser Wilhelms, des Prinzen Heinrich, auf dem Rathausmarkt.

In Eckernförde wurde die hölzerne Darstellung eines U-Bootes als Kriegsmal gewählt, für das über 2.000 Nagelungen erforderlich waren. Die Nagelung endete am 27. Januar 1916, am Geburtstag des Kaisers.

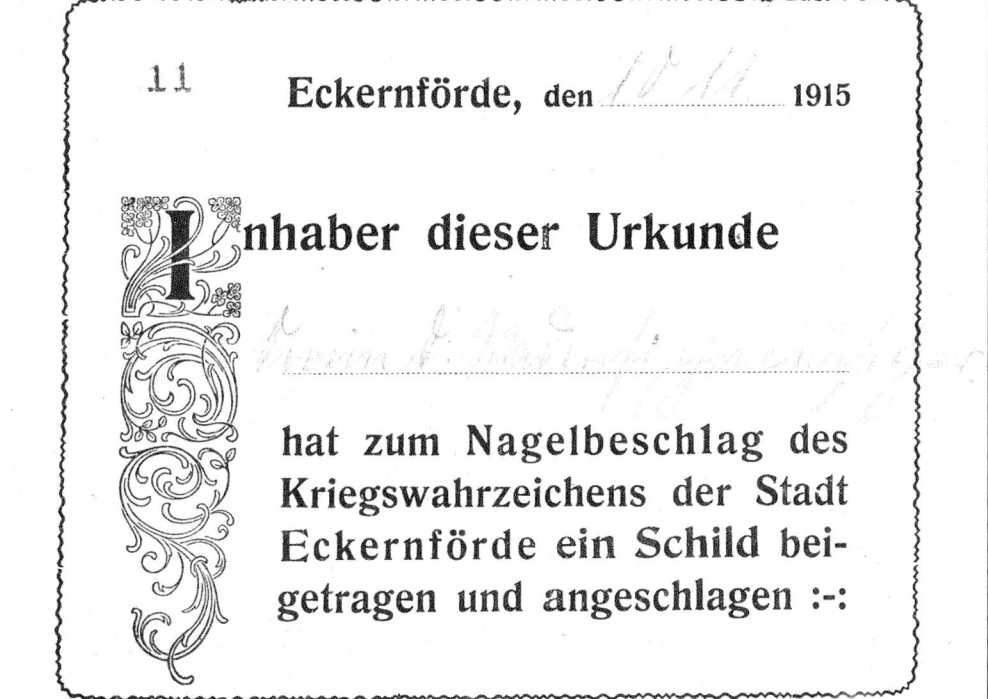

Eckernförde, den _____ 1915

Inhaber dieser Urkunde

hat zum Nagelbeschlag des Kriegswahrzeichens der Stadt Eckernförde ein Schild beigetragen und angeschlagen :-:

Die Benagelung erbrachte die Summe von 11.834,06 Reichsmark. Der Reinertrag kam der Kriegsfürsorge der Stadt und des Kreises Eckernförde zugute.

Im Frühjahr 1916 waren die sogenannten Finnenhäuser – aus hölzernen Fertigteilen zusammengesetzt – als Siedlungshäuser für Arbeiter der Torpedo-Versuchs-Anstalt in der Straße Hoheluft bezugsfertig.

Die Torpedo-Versuchs-Anstalt in Eckernförde-Süd wurde 1912 gegründet; 1913 konnte der erste Erprobungschuß vom Schießstand abgegeben werden. Im Ersten Weltkrieg war sie wegen des Bedarfs an eingeschossenen Torpedos von kriegswichtiger Bedeutung, doch hatte sie am Ende des Krieges ihre Bedeutung verloren. Erst nach 1919 begann ein neuer Aufschwung.

4

Als der Krieg aus war: die zwanziger Jahre

Am Ende des Krieges versammelte sich die Bürgerwache auf der Rathaustreppe zum Erinnerungsfoto.

In den zwanziger Jahren boten sich zahlreiche Gelegenheiten zum Feiern: Am 23. Juli 1922 fand anläßlich des Kreishandwerkertages ein Festzug statt, angeführt von dem Gastwirt Friedrich Dehn als Herold.

Gerade hatte der Wagen 18 des III. Zuges, das Tischlerhandwerk darstellend, die Nachbildung des ehemaligen Kieler Tores passiert. Es wurde zu diesem Fest eigens aufgebaut.

Da das nächste Fest auf dem Fuße folgte, blieb das Tor als Dekoration gleich stehen: Am 6. August feierte der Eckernförder Reiterverein sein 2. Reiterfest ebenfalls mit einem Umzug.

Die Feierlichkeiten zum 75. Jahrestag der Schlacht bei Eckernförde begannen am 5. April 1924 mit einem Festakt am Süderschanzendenkmal im Beisein des Prinzen Heinrich und seiner Gemahlin Prinzessin Irene.

Trotz der Notwendigkeit einer behördlichen Sondererlaubnis fand am 6. April 1924 ein Festumzug statt, der hinter dem von 1899 nicht zurückstehen mußte.

Auf dem üblichen Weg bewegte sich der Zug von Norden kommend durch die Kieler Straße. Die Veranstaltung war eine vaterländische Demonstration in der immer noch schwelenden Auseinandersetzung mit dem nördlichen Nachbarn Dänemark.

Die Themen der Wagen sollten an die Geschichte Schleswig-Holsteins erinnern.

Auch ein Wagen mit der Süderschanze, von der aus das Linienschiff „Christian VIII." in Brand geschossen worden war, durfte im Zug nicht fehlen.

Bereits 1922 fand ein Wettbewerb zur Erlangung eines Denkmalentwurfs für die 262 Eckernförder Gefallenen des Ersten Weltkrieges statt. Doch erst am 7. September 1924 konnte das Denkmal in feierlichem Rahmen auf dem Friedhof am Mühlenberg geweiht werden.

Vom 10. bis zum 12. Juli 1925, zu Beginn der Kieler Woche, weilte eine schwedische Flottenabteilung in Eckernförde. Das Foto der Teilnehmer am großen Festmahl entstand im „Kaiserhof" am Vogelsang.

Er war sicher ein Original im Stadtbild: Der Ausrufer Adolf Goos, der mit kräftiger Stimme und laut tönender Glocke in den zwanziger Jahren die Neuigkeiten verkündete.

Bis um die Mitte der zwanziger Jahre zeigte die Nordwestecke des Rathausmarktes dieses Bild: Neben dem dreigeschossigen Jahrhundertwendebau der Gebrüder Wiedemann lugt das „Café Hudemann" in alter Gestalt hervor.

Nach Entwürfen seines jüngeren Bruders und Bauunternehmers Hermann ließ der Konditormeister Franz Hudemann 1926 diese neue Fassade im Stil des niedersächsischen Fachwerkbaus errichten. 1937 übernahm Otto Maaß das Café.

Andere Neubauten der Zeit zwischen den Kriegen waren dieses Haus in der Riesebyer Straße, um 1920, und …

… das Hotel „Jungmann", dessen am Bauhaus orientierter Kubus im Juni 1930 nach Plänen des Kieler Architekten Möller eröffnet wurde. Die Bauherrin Caroline Jensen hatte den Bau gegen alle Anfeindungen von Behörden und Handwerkern durchgesetzt.

Als eine nicht nur arbeitstechnische Herausforderung stellte sich das in den frühen zwanziger Jahren begonnene Arbeitsbeschaffungsprojekt der Zuschüttung des Noorarmes zwischen Steindamm und Bahndamm heraus.

Um 1927 erfolgte der Abschluß der Arbeiten mit der Anlage eines schmalen Kanals, der den Wasseraustausch zwischen Noor und Ostsee gewährleisten sollte.

Er sorgte immer für ein fröhliches Ereignis: Der Umzug der Bürgerschützengilde, der Gelben-Westen-Gilde von 1629, durch die Straßen der Stadt, hier in den zwanziger Jahren von der Frau-Clara-Straße kommend auf dem Weg in die Kieler Straße.

Weniger spektakulär, dafür aber um so sportlicher zeigten sich 1926 die Radler des Eckernförder Radfahr-Vereins von 1887.

Die Badeverwaltung hatte sich zur Freude ihrer Gäste für den 6. August 1927 etwas ganz Besonderes ausgedacht: einen Blumen-Bootskorso und eine abendliche Lampionfahrt der geschmückten Boote.

Doch nach fünfwöchigem Badewetter überraschten Sturm und Regen sowie starke Brandung die Teilnehmer, und so blieben die Boote am Strand liegen. Für eine schöne Erinnerung postierten sich die enttäuschten Teilnehmer dann auf dem Trockenen.

54

5

Vom Hafen

In der Hoffnung auf wirtschaftlichen Aufschwung wurde kurz nach 1900 eine Hafenbahn angelegt, die den Warenumschlag vom Schiff auf die Schiene und umgekehrt erleichtern sollte.

Während sich die Südseite des Hafens in den Jahren seit der Jahrhundertwende immer mehr der wirtschaftlichen Nutzung geöffnet hatte, blieb die gegenüberliegende Seite, besonders in ihrem westlichen Teil bis zum Steindamm, noch in den Formen des 19. Jahrhunderts erhalten.

Nur im Bereich beiderseits der Holzbrücke hatte sich durch die Entfaltung der Siegfriedwerft und die Einrichtung einer Slipanlage rege Betriebsamkeit entwickelt.

Die vor 1885 entstandene Fotografie zeigt im Vordergrund die Glasausche Werft, die 1904 auf die gegenüberliegende Seite umzog, als die Hafenbahn sie verdrängte. In dem Gebäude hinter der Holzbrücke befand sich die Klemmsche Eisengießerei.

Der Schiffbauer Heinrich Siegfried erweiterte seine 1918 östlich der Holzbrücke erbaute Werft durch die Übernahme der Gebäude der Klemmschen Eisengießerei jenseits des Vogelsangs sowie der Glasauschen Werft westlich der Holzbrücke. Die Aufnahme entstand um 1935.

Am Ostende des Südkais im Außenhafen hatten in den zwanziger Jahren die Steinfischer, die u.a. Steine zum Bau des Hindenburg-Dammes nach Sylt lieferten, ihren Lagerplatz.

Immer wieder beschädigten Stürme und Hochwasser die Kaianlagen des Außenhafens wie hier am 23. November 1927.

Im Auftrag des Stadtmagistrats begann die Firma Wilhelm Karstens aus Kiel im Sommer 1930 mit den Arbeiten an einer 115 m langen Kaimauer am Südkai des Außenhafens.

Etwa 14 Tage lagen zwischen beiden Aufnahmen: Die Anlage der Kaimauer schritt zügig voran.

Auch wenn man nicht so recht weiß, worum es bei der Ansammlung von Menschen am Kai ging, so wurde die Versammlung von zwei Uniformierten bewacht, die offenbar jederzeit zum Eingreifen bereit waren. Um 1928.

Der Fortschritt war nicht aufzuhalten: Neben einem Dampfschiff und der Eisenbahn nahmen sich die Pferdekarren wie Relikte einer fernen Vergangenheit aus. Ließ sie Walter Baasch deshalb so auffällig posieren?

Sobald die Fischer mit ihren Kuttern zurück im Hafen waren, wurde der Fang auf die Drahtkörbe verteilt und an Land geschafft.

Die Arbeit war getan, der Fisch verkauft: Nun war noch Zeit für ein Gespräch unter Kollegen.

Eine typische Erscheinung des Eckernförder Stadtbildes in den zwanziger bis vierziger Jahren waren die Schornsteine der
zahlreichen Fischräuchereien.

Eingebettet zwischen Ochsenkopf, Zweitem Steg und Hafen lag die 1894 gegründete Fischräucherei Baasch & Schulze dort, wo heute ein Baumarkt den Heimwerkerbedarf befriedigt.

Die das Räuchern der Sprotten, Heringe usw. vorbereitenden Arbeiten wurden meist von Frauen erledigt, wie hier das Ausnehmen der Fische.

Zum Räuchern mußte der Fisch auf lange Eisenstäbe aufgezogen werden. Diese Arbeit erledigten die sogenannten Aufsteckfrauen.

Während das Räuchern selbst von Männern und das Verpacken wieder von Frauen erledigt wurde, beschäftigten die Räuchereien sogenannte Nageljungs zum Herstellen und Verschließen der hölzernen Versandkisten.

Außerhalb der Fangsaison heuerten manche Fischer auf Großyachten an. Sie schlossen sich 1906 in Eckernförde zum Verein der Yachtmannschaften zusammen und veranstalteten gemeinsame Feste wie hier das Waldfest von 1909 auf dem Schützenhof bei Eckernförde.

Sanna, die Fischfru, die eigentlich Susanne Ramm hieß, betrieb fast 40 Jahre lang den Kleinhandel mit Fischen von ihrem Handwagen aus. Sie war früh verwitwet und mußte so den Lebensunterhalt für sich und ihre Kinder erwirtschaften. 1954 feierte sie ihren 101. Geburtstag.

Ein anderes Original der zwanziger Jahre war der Hafenmeister Ludwig Kruse, im Volksmund Fisch-Ludden genannt. Er verfütterte nicht verwertbare Fische an die Möwen auf der Schiff-brücke.

Der Ausbau der Getreidespeicher am Hafen hatte durch die Hafenbahn einen enormen Aufschwung genommen. An der Stelle des flachen Gebäudes links im Bild ...

... begannen 1931 die Ausschachtungsarbeiten für den Bau des Rundsilos der Firma Sieck nach Plänen des Architekten Heinrich Hansen.

Der imposante Bau wuchs in die Höhe und seine endgültige Form begann sich abzuzeichnen.

Das Foto aus den dreißiger Jahren zeigt den Rundspeicher als monolithischen Baukörper, der sich deutlich von seiner Umgebung absetzt.

An der Schiffbrücke/Ecke Fischerstraße stand bis 1906 dieses langgestreckte Gebäude, das 1707 erbaut lange Zeit als Zollgebäude diente.

An gleicher Stelle wurde 1907 das neue Zollhaus errichtet, ein imposanter Bau, vor dem die Belegschaft stolz für den Fotografen posiert.

6
Schulen und Schüler

Einen Jux wollten sie sich machen und bedienten sich dazu des Ausrufers Adolf Goos, der den Umzug der Meisterklasse der Eckernförder Baugewerkschule im Sommersemester 1928, im Jahr ihres 60jährigen Bestehens, begleitete.

1868 gegründet, ließ die Stadt 1870 nach Plänen des Architekten und Bauschullehrers Germano Wanderley auf der sogenannten Schützenwiese an der Kieler Straße einen Neubau für die Städtische Baugewerkschule errichten, der für 200 Schüler ausgelegt war.

Eine der wenigen nachweisbar von Gerhard Schmidt, dem Vorgänger Haltermanns, stammenden Fotografien zeigt den Architekten Adolf Kühn, der zum 1. Oktober 1891 an die Baugewerkschule gerufen worden war, inmitten von Bauschülern. Unverkennbar dürfte das Thema Vermessung auf dem Stundenplan gestanden haben.

Eine andere, für Eckernförde ebenso bedeutsame Einrichtung war das Königliche Lehrerseminar, das am 11. April 1885 diesen Neubau auf dem höchsten Punkt der Stadt, dem Mühlenberg,
bezog. Nach dem Brand im Februar 1922 diente es nur noch knapp zwei Jahre seiner Aufgabe,
dann wurde das Seminar aufgelöst.

Wie die Bauschüler wußten auch die angehenden Volksschullehrer zu feiern und trafen sich
jedes Jahr zum sogenannten Bergfest.

Im Jahre 1862 erhielt die Eckernförder Bürgerschule einen Neubau an der Reeperbahn, der ausschließlich den Mädchen zugedacht war. Bis dahin wurden im alten Schulgebäude vormittags die Knaben und nachmittags die Mädchen unterrichtet. Die Aufnahme entstand 1957 wenige Jahre vor der Auflösung der eigenständigen Mädchenschule und dem Abbruch der Gebäude.

Auch die Knaben erhielten 30 Jahre später einen eigenen Schulneubau, den sie sich anfangs allerdings noch mit der Realschule teilen mußten. Dennoch muß dieses Gebäude etwas Besonderes dargestellt haben, denn zur Weltausstellung in Chicago 1893 reichte die Stadt ein Foto der 1950 so benannten Willers-Jessen-Schule ein.

In einem typischen Klassenzimmer der Knabenbürgerschule hatte der unbekannte Fotograf einige Lehrer auf die Platte gebannt.

Ursprünglich als Berufsschule, Gewerbliche Fortbildungsschule, geplant und erst 1935 von dieser bezogen, wurde das 1901 bezugsfertige Schulgebäude in der Gartenstraße 10, heute Stadtarchiv, von der Privat-Mädchenschule, später Städtischen höheren Mädchenschule, genutzt. Das Foto aus dem Jahre 1957 zeigt die Hofseite zur Reeperbahn.

Im Hof der Mädchenmittelschule an der Gartenstraße präsentierte sich 1919 die 5. Klasse in einem Kleidungsgemisch aus Matrosenkleid, Schürzenkleid und einfachen Kleidern.

Realschule in Eckernförde

Ein damals moderner Neubau für die Realschule, später Jungmann-Gymnasium, entstand 1909 nach Plänen des Hamburger Architekten Heinrich Bomhoff an der Reeperbahn in unmittelbarer Nachbarschaft zum Bahnhof.

Obwohl der Erste Weltkrieg verloren war und der Kaiser im Exil, stellte sich die Untertertia der Realschule des Jahres 1919 mehrheitlich im Matrosenanzug dem Fotografen.

Am 1. November 1928 erhielt das Jungmann-Gymnasium in der Flucht der Reeperbahn nach Norden die Landwirtschaftliche Schule als neue Nachbarin, ein „wohltuend und klar gegliederter Baukörper", wie die „Eckernförder Zeitung" damals den Bau lobte.

Seit 1908 befand sich die Warteschule, der Kindergarten, im alten Pastorat von St. Nicolai am Pastorengang. Träger war der Warteschulverein. Nach seiner Auflösung 1938 bezog ein Kindergarten der NS-Volkswohlfahrt die Räume, deren Inneneinrichtung das Foto von Walter Baasch zeigt.

Als am Ende des Zweiten Weltkriegs Eckernförde von Flüchtlingen und damit auch von schulpflichtigen Kindern überschwemmt wurde, richtete die Stadt im Jahre 1950 in einem der nicht gesprengten Gebäudeflügel der Torpedo-Versuchs-Anstalt in unmittelbarer Nachbarschaft zu drei großen Flüchtlingslagern eine Volksschule, die Sandkrugschule, ein.

Die alte Borbyer Volksschule an der Bergstraße bekam in den Jahren 1930/31 einen Erweiterungsbau. Im Gedenken an den von den Nationalsozialisten verfolgten und beim Bombardement der "Cap Arcona" am 3. Mai 1945 in der Neustädter Bucht verstorbenen Borbyer Kommunalpolitiker Richard Vosgerau erhielt sie nach dem Krieg seinen Namen.

Der erste Schulneubau nach dem Krieg, die Gudewerdtschule (Realschule), wurde am 11. September 1954 eingeweiht und dem Meister der Holzschnitzkunst, Hans Gudewerdt d.J., gewidmet.

Als Lehrlingswohnheim geplant, als Jugendwohnheim am 1. April 1955 eingeweiht, wurde aus dem hoch über der Stadt in der Sehestedter Straße gelegenen Gebäude schließlich 1967 die Fischereischule, die als Ausbildungsstätte für angehende Fischer gedacht war.

Im Norden der Stadt, unterhalb der Borbyer Kirche an der Fischerkoppel, wurde ab dem Jahre 1953 in mehreren Bauabschnitten der Komplex Kreisberufsschule verwirklicht, ein dringend notwendiger Ersatz für die viel zu eng gewordene alte Berufsschule in der Gartenstraße.

7
Ein Kapitel für sich: Borby

Borby war bis zum 1. April 1934 ein eigenständiges Dorf mit eigenen Traditionen und mit bewußter Distanz zur Nachbarstadt Eckernförde. Die Borbyer Gilde, hier eine Versammlung zu Beginn des 20. Jahrhunderts, wurde vor 1700 gegründet.

Vor 1894 entstand diese Aufnahme des Borbyer Ufers unterhalb der Kirche, die noch ohne Turm war.

Einige Jahre später, der neue Kirchturm macht die Borbyer Kirche über die Bäume hinweg sichtbar, zeigte sich der Vogelsang noch fast unverändert. Links leuchtete die Fassade von „Franke's Etablissement", später „Germania" und Gewerkschaftshaus, durch die spärlich belaubten Bäume.

Mit dem Turm ihrer Kirche haben es die Borbyer nie leicht gehabt: Seit dem Ende des 16. Jahrhunderts häuften sich die Klagen über Schäden und Zerstörungen, so daß schließlich zu Beginn des 19. Jahrhunderts der vorhandene Turm abgetragen und das Kirchendach über den Stumpf nach Westen verlängerte wurde. Erst 1894 wurde der neue massive Turm davorgesetzt, der von weit her sichtbar auf Borby hinweist.

Seit etwa 1830 entwickelte sich Borby zu einem Badeort, der allerdings zunächst nur Wannenbäder aufzuweisen hatte. Der „Kaiserhof", ehemals „Belvedere", und das „Marien-Louisen-Bad", rechts hinter Bäumen versteckt, sind nur zwei der Hotels, die im Laufe der Jahre am Vogelsang und am Jungmannufer entstanden und für ein mondänes Flair sorgten.

Die Promenade vor den Anlagen unter Borby, um 1880 angelegt, war ein beliebter Treffpunkt, eine Flaniermeile für alle Schichten der Bevölkerung.

Die Geschichte des Badeortes Borby spiegelt sich in der Entwicklung des „Marien-Louisen-Bades" vom einfachen Badehaus zum großen Hotel, das sogar den Kaiser beherbergte, wider. Doch sein Niedergang und Abbruch 1919 bedeutete zugleich auch das Ende der Borbyer Badgeschichte.

Da es am Borbyer Ufer keinen Sandstrand gab, zeichnete sich um die Jahrhundertwende das allmähliche Ende des Badelebens ab, woran auch die große Badeanstalt mit Stegen und Kabinen der Marie Gevensleben, Pächterin des „Marien-Louisen-Bades", nichts zu ändern vermochte.

Auch das „Strandhotel", erst 1891 am Jungmannufer östlich der Prinzenstraße eröffnet, überlebte das „Marien-Louisen-Bad" nur um wenige Jahre: 1923 wurde es das Logenhaus der Leuchte am Strande.

Dem Borbyer Dorfplatz gegenüber hat sich die Gaststätte „Lindenhof" seit dem 19. Jahrhundert zu einem beliebten Ausflugs- und Versammlungslokal entwickelt. 1867 hielt hier die Borbyer Gilde erstmals ihr Gildefest ab.

Für den Fotografen hat sich die Familie des Bäckermeisters Christian Struck vor der Haustür Bergstraße 20 versammelt.

Die Auslieferung der Back- und Konditorwaren erfolgte mit dem 1 PS starken Firmenlastwagen, hier bei einer Tankpause.

Eines der ältesten Häuser Borbys in der Norderstraße 1, am Dorfplatz gelegen, war ein nieder-
deutsches Hallenhaus mit Halbwalmdach. Es wurde 1967 abgebrochen.

Ebenfalls in der Norderstraße, im Haus Nummer 21/23, befand sich in den zwanziger Jahren dieser
Verkaufsladen des Allgemeinen Konsumvereins Kiel. Selbstbedienung gab es noch nicht.

8

In nationalsozialistischer Zeit

Das vor 1935 entstandene Privatfoto zeigt die Torpedo-Versuchs-Anstalt Eckernförde-Süd, TVA, mit dem weithin sichtbaren Turm des Schießstandes, der noch aus dem Jahre 1913 stammte.

„Über den Dächern von Eckernförde" wäre dieses Foto aus den dreißiger Jahren zu überschreiben, das die typischen Schlote der Räuchereien und die verschachtelte Bebauung im Bereich um Frau-Clara-Straße, Fischerstraße und Kattsund zeigt.

Die Kieler Straße, von Süden in Höhe des Postamtes gesehen, nach der 1938 erfolgten Umbenennung in Straße der SA.

Auch weiter nördlich in der Straße der SA deutet nichts darauf hin, daß diese Aufnahme wohl in Kriegszeiten entstanden ist.

Das Gesicht des Rathausmarktes hat sich nur unwesentlich verändert. Aus der ehemaligen Tabakfabrik Spethmann in der Südwestecke des Platzes ist ein Wohnhaus geworden, hinter dessen vergrößerten Erdgeschoßfenstern sich die Kassenräume der Schleibank befinden.

An der Westseite zeigt sich ein unverändertes Bild, nur das Schärffsche Haus rechts gab Anlaß zur Sorge über den Erhaltungszustand.

In der Nordwestecke überstrahlte die Frische der Fassade des Hudemannschen Cafés an der St.-Nicolai-Straße die Fassaden der älteren Häuser in seiner Nachbarschaft.

Auf der Ostseite bot die stark voneinander abweichende Bebauung ein kurioses Bild: „Markt-krug", Textilhaus Witt, Buchbinderei Heldt und Uhrmacher Jacobsen. Die drei letztgenannten Häuser entstanden um die Jahrhundertwende.

Heute nur noch Erinnerung ist das Haus Langebrückstraße 16 an der Ecke zum Ochsenkopf.

In den vierziger Jahren standen im Ochsenkopf, jene Gasse, die offiziell einmal Kleine Straße hieß, noch Häuser, die heute vergessen sind.

Schräg gegenüber der Einmündung des Ochsenkopfes in die Frau-Clara-Straße stand das Haus Nummer 18, in dem seit 1832 eine Fleischerei bestand. Etwa 1926 zeigten sich Familie und Belegschaft der Schlachterei Theodor Clasen vor dem alten Eingang.

Etwa acht Jahre später befand sich der Betrieb in vierter Generation im Besitz der Familie Clasen. Fritz Clasen hatte nach der Geschäftsübernahme 1928 das große Schaufenster einbauen lassen.

Das Haus Fischerstraße 2 stammt noch aus dem Anfang des 18. Jahrhunderts und steht an markanter Stelle zwischen Fischerstraße, Hafengang, Gudewerdtstraße und Ottestraße. Es gehört zu den wenigen Häusern der Stadt, die über Jahrhunderte hinweg kaum verändert wurden.

Dagegen erlebte die gerade 65 Jahre alte Baugewerkschule im Jahre 1935 ihren dritten Erweiterungsbau und wurde in Höhere Technische Lehranstalt für Hoch- und Tiefbau, HTL, umbenannt.

Es war ein einmaliges Ereignis, welches am 29. August 1935 zahlreiche Eckernförder schon vor
8.00 Uhr morgens auf die Straße trieb: Die Straßenuhr von Uhrmacher Jacobsen in der Kieler
Straße/Ecke Rathausmarkt zeigte eine Minute vor 9.00, als Adolf Hitler im offenen Wagen
durch die Stadt fuhr. Man sah ihn hier nie wieder.

Auch der Fotograf Adler, Nachfolger Haltermanns in der Kieler Straße 36, beteiligte sich an
einer großen Papiersammelaktion in den späten dreißiger Jahren. Man mag nicht daran denken,
welche Schätze bei dieser Gelegenheit vernichtet wurden.

In den Jahren von 1935 bis 1940 entstand die Kasernenanlage auf Carlshöhe, wodurch Eckernförde zum Garnisonsstandort wurde. 1936 zog die 1. Marineergänzungsabteilung aus Kiel-Friedrichsort ein, die 1938 in 5. Schiffsstammabteilung umbenannt wurde.

Die Wände der Kantinenräume im Wirtschaftsgebäude versah der Maler Friedrich Mißfeldt 1936 mit Szenen aus dem Gefecht bei Eckernförde am 5. April 1849.

Vermutlich in den dreißiger Jahren entstand das große Getreidvorratslager in der Rendsburger
Straße kurz hinter der Einmündung des Domstag.

Am Louisenberg befand sich in den vierziger Jahren eines der größten Barackenlager in unmittelbarer Stadtnähe, wenn auch nicht auf städtischem Grund. Hier sollen vor allem Ostar-
beiter, Polen und Russen, gelebt haben.

Wenn es so aussieht, als hätten in Eckernförde Nationalsozialismus und Zweiter Weltkrieg nicht stattgefunden, so liegt das nur an der mangelnden fotografischen Dokumentation der Zeit. Bilder wie die Aufnahmen von den Bombenschäden des 1. Mai 1941 in der Norderstraße, vorn Nummer 38 und der aufgerissene Giebel von Nummer 40, sind seltene Glücksfälle für das Archiv.

Sechs Menschen, darunter zwei Kinder, verloren ihr Leben, als in der Nacht zum 1. Mai 1941 britische Bomben auf Häuser in der Norderstraße in Borby fielen. Es sind weitere Bombenab- würfe auf die Stadt aktenkundig, aber die Schäden hielten sich in Grenzen.

Auch die Dächer von Häusern in der Bergstraße wurden durch die Abwürfe in Mitleidenschaft gezogen.

Wenn er auch schon lange nicht mehr in seiner Geburtsstadt lebte, so hatten ihn die Eckernförder doch nicht vergessen, als er am 3. Oktober 1937 in München starb: Heinrich Scherrer,
der Altmeister des deutschen Gitarrenspiels, wie die „Eckernförder Zeitung" schrieb, wurde durch
seine Bearbeitung des „Zupfgeigenhansl" für Gitarre über Deutschlands Grenzen hinaus bekannt.

9
Freie Fahrt ins Wirtschaftswunder

Mit visionärer Kraft wurden zu Beginn der fünfziger Jahre die großen Autoströme vorausgesehen, die Eckernförde einst überrollen sollten, und so wurde 1953 die neue B 76 jenseits der Bahntrasse am Noor entlang gebaut.

Die Teilnehmer am Dänischen Jahresfest 1949 zogen mit Musikbegleitung in langer Kolonne durch die Kieler Straße zum Exer, wo eine Kundgebung stattfand. Die Veranstaltung war vermutlich dem angespannten Verhältnis zwischen Deutschen und Dänischgesinnten nicht förderlich.

Im folgenden Jahr fiel unangenehm auf, daß die Marschierer dem damaligen Flaggenrecht zuwider den Danebrog mitführten.

Knapp zweieinhalb Jahre dauerten die Bauarbeiten, dann konnte am 4. Mai 1953 die Einweihung der Eckernförder Umgehungsstraße feierlich begangen werden. Zuvor aber mußte der Vorsitzende des Verkehrsausschusses beim Schleswig-Holsteinischen Landtag, der Abgeordnete Knudsen, unter Zuhilfenahme der hier bereitgestellten Werkzeuge noch den letzten Pflasterstein einsetzen.

Dann war es endlich soweit: Der Wagen des Landeswirtschaftsministers Böhrnsen zerriß das Sperrband und gab die Straße für den Verkehr, der da kommen sollte, frei.

Eine Aufnahme mit Seltenheitswert: Zu erkennen ist die westlich der Holzbrücke gelegene Montagehalle der Siegfriedwerft in ihrem originalen Zustand, um 1950.

Daß sich Eckernförde auf dem Weg in bessere Zeiten befand, zeigt dieses Foto der Sparkassenfiliale in der Sehestedter/Ecke Rendsburger Straße aus dem Jahre 1955.

Mit der feierlichen Konsekration der Kirche St. Peter und Paul am 3. August 1958 konnte die katholische Gemeinde der Stadt endlich die zahllosen Notunterkünfte – Wohnräume, Barakken, Notkirchen – der Vergangenheit zurechnen. Der erste Gottesdienst fand jedoch schon Weihnachten 1956 statt.

Auch an der Wiederbelebung alter Traditionen war zu merken, daß Krieg und Notzeit in weite Ferne rückten. Am 12. August 1956 fiel der Startschuß zur ersten Kutterregatta des 1. Eckernförder Fischervereins. Das Besondere daran war, daß die Kutter interessierte Gäste mitnehmen konnten.

Die hier versammelten Mitglieder des Vereins der Yachtmannschaften zu Eckernförde dagegen waren als Profis auf den großen Yachten angeheuert, die beispielsweise an den Regatten der Kieler Woche teilnahmen. Am 10. November 1956 feierten sie ihr 50jähriges Bestehen.

Auch in der zweiten Jahrhunderthälfte blieb Eckernförde nicht von Hochwasser und Sturm-
fluten verschont. Am 4. Januar 1954 stieg das Wasser in den Straßen rund um den Hafen, wie
hier im Vogelsang an der Ecke zur Motorenfabrik Rehbehn, bedrohlich an, ging aber zum Abend
bei nachlassendem Sturm wieder zurück.

Größere Schäden verursachte die Sturmflut am 13. Januar 1957. Nördlich der TVA an der B 76
unterhalb des Leuchtturmes brachen unter dem Druck der Brecher die Granitmauer und Teile
der Straße ab, so daß der Verkehr umgeleitet werden mußte.

Die Hoffnungen auf einen Wirtschaftsboom im Bereich des Schiffbaus waren trügerisch, nur in großen Abständen liefen größere Schiffe in der Siegfriedwerft vom Stapel. Das Jahr 1959 kann als besonders erfolgreich betrachtet werden, wurden doch Anfang April das Passagierschiff „Siegfried II" für den Bäderverkehr, später Butterfahrten, …

… und im Juni unter den Augen von über 1.000 Schaulustigen die „Ion Gunnlaugs", der erste von insgesamt sechs Kuttern in isländischem Auftrag, vom Stapel gelassen.

Seit dem Ersten Weltkrieg, als zwei Glocken für Kriegszwecke abgeliefert werden mußten, hatte sich die St. Nicolai-Gemeinde mit einer Glocke begnügen müssen. 1960 entschloß sich der Krichenvorstand zur Wiederbeschaffung zweier Glocken, die aus Spendengeldern finanziert werden sollten. Am 2. August 1960 konnten sie feierlich eingeholt werden.

In einer festlichen Sondersitzung am 8. September 1960 verlieh die Eckernförder Ratsversammlung erstmals die Bezeichnung Ehrenbürgervorsteher. Geehrt wurde Daniel Hinrichsen, der 1946 nach der ersten Kommunalwahl zum Bürgermeister, nach heutiger Stellung Bürgervorsteher, gewählt worden war. Begründung für den Beschluß war sein Engagement für die Stadt in schweren Zeiten nach den beiden Weltkriegen.

Während Fischerei und Schiffbau offensichtlich nicht am Wirtschaftswunder partizipierten, entwickelte sich der Hafen als Umschlagplatz für andere Güter stetig weiter, sichtbar an den Um- und Neubauten von Speichern am Binnenhafen. Am 15. Juli 1960 feierte die Getreide AG Richtfest an einem neuen Silo.

Auch städtebaulich kam Bewegung in die Stadt. So manche liebgewordene „Ecke" fiel dabei bis in die siebziger Jahre hinein der Abrißbirne zum Opfer. Erst 1925 für die Gemeinnützige Baugenossenschaft an der Norderstraße errichtet, wurden die wegen ihrer ursprünglichen Farbigkeit sogenannten Papageienhäuser aus Platzmangel ab 1972 abgebrochen.

Ab der Mitte der sechziger Jahre stand ein ganzer Straßenzug zur Disposition, der, wie dieses Foto zeigt, einen malerischen Anblick jenseits des Hafens am Beginn des Steindamms bot: Die hafenseitigen Häuser der Gaehtjestraße zwischen Steindamm und Vogelsang sollten aus verkehrstechnischen Gründen beseitigt werden.

1964 standen die beiden Häuser Vogelsang 1 und Gaehtjestraße 16 bereits leer und sollten um-
gehend abgebrochen werden, um die Einmündung Vogelsang in Mühlenberg/Gaehtjestraße zu
einer verkehrssicheren Kreuzung ausbauen zu können.

Auf der Abbruchliste standen auch die gegenüber an der Ecke Vogelsang/Mühlenberg gelegenen Häuser.

Auch der Bereich der Eckernförder Altstadt war von solchen städtebaulichen Maßnahmen betroffen. Ende Mai 1964 begannen die Abbrucharbeiten am ehemaligen Torhaus in der Kieler Straße 52 .

Bereits um die Mitte der fünfziger Jahre mußte ein architektonisch nicht besonders auffälliges Fachwerkhaus einem modernen Zweckbau weichen: Das Eckhaus von Gänsemarkt und Kieler Straße diente, nachdem es seit dem 18. Jahrhundert unter wechselnden Besitzern als Gasthof („Schäfers Gasthof" im Jahre 1897) genutzt worden war, in der Nachkriegszeit als Konsumfiliale, ehe am 5. April 1956 die Schleswig-Holsteinische Westbank ihren Neubau eröffnete.

Am entgegengesetzten nördlichen Ende der Kieler Straße standen am Kirchplatz noch fünf Wohn- und Geschäftshäuser, die eine Art Riegel zwischen Kirche und geschäftigem Treiben auf der Hauptstraße bildeten. Die Firma Graves Pedersen, 1919 eröffnet, war bis zum Abriß um die Mitte der sechziger Jahre das älteste Spezialgeschäft für Bandagen, Kurzwaren und Handarbeiten in der Stadt.

Die Aufnahme aus den fünfziger Jahren zeigt die engste Stelle der Kieler Straße vor Haus Nummer 6 am nördlichen Ende der Häuserzeile. Es waren also auch hier verkehrstechnische Gründe, die eine Beseitung verlangten.

10

Eckernfördes Zukunft ist
der Strand

Umringt von Kindern und wenigen Erwachsenen machte die Kurkapelle eine Fotopause, ehe
sie ihr Strandkonzert im Kurpark zu Füßen des Süderschanzendenkmals im Juli 1924 fortsetzte.

Was wäre ein Badeort ohne Bahnanschluß wert? Im Jahre 1881 konnte die Bahnlinie von Kiel nach Flensburg eröffnet werden und nur Eckernförde lag von allen Streckenorten direkt am Meer: Ideale Bedingungen für einen regen Reiseverkehr. Entworfen hat den ersten Bahnhofsbau der Kieler Architekt Heinrich Moldenschardt (1839-1891).

Es war keine kleine Belegschaft der Bediensteten des Eckernförder Bahnhofs, die 1920/21 unter dem Ortsschild für den Fotografen angetreten war.

Wo heute die Autos in mehreren Reihen geparkt werden können, befanden sich zu Beginn der fünfziger Jahre noch die Gleise der Güterabfertigung. Rechts ist der Bahnübergang Schulweg zu erkennen.

Seit 1889 verband eine private Schmalspurbahn, ab 1903 Kreisbahn, Eckernförde mit Ellenberg, diesseits der Schlei Kappeln gegenüber gelegen. Diese Bahn erhielt einen eigenen Bahnhof, der zwischen dem Noor und dem kleinen Binnennoor, das um 1926 zugeschüttet wurde, lag. Sein Ende kam, als die Kreisbahn zum 31. Mai 1958 eingestellt wurde.

Trotz des eigenen Bahnhofs fuhren die Züge der Kreisbahn nach Kappeln noch in den fünfziger Jahren vom Eckernförder Bahnhof ab, weil nur hier Umsteigemöglichkeiten bestanden.

Um die Verkehrsanbindung an die Nordsüdstrecke Flensburg – Altona herzustellen, entschloß sich der Kreis, eine Kleinbahn von Eckernförde nach Owschlag, zwischen Rendsburg und Schleswig, zu führen, die am 29. Oktober 1904 eröffnet werden konnte. Die Aufnahme aus den dreißiger Jahren zeigt einen Triebwagen nach Owschlag vor der Trasse der Flensburger Strecke.

Vor dem Ersten Weltkrieg gab es am Eckernförder Sandstrand zwar schon ein reges Strandleben, aber Mann und Frau blieben züchtig verhüllt, als säßen sie in einem Ausflugslokal bei Kaffee und Kuchen.

Selbst die Kinder, hier bei einem Schulausflug mit Badegelegenheit, zogen sich die Hosenbeine nur bis zu den Knien hinauf.

Es gab zwei Stegbadeanstalten mit Umkleidekabinen am Eckernförder Strand: Der Fischer Neumann betrieb seine Anstalt am Südende des Jungfernstiegs ...

... und der Hotelier Teichert vom „Seegarten" eine eigene dem Hotel gegenüber, jenseits der Bahnlinie. Auf diesem Foto, das kurz nach dem Ersten Weltkrieg entstanden sein dürfte, sind im Hintergrund Damen in schwimmtauglichen Badeanzügen zu entdecken.

Gegen Ende der zwanziger Jahre war das Wasser für die Badenden nicht mehr nur Kulisse, sondern wie hier in der Neumannschen Badeanstalt ein erfrischendes Erlebnis.

Eine neue Einrichtung am Strand zog die Menschen auf der Kurpromenade magisch in ihren Bann: die Städtische Badeanstalt, aus heutiger Sicht nördlich des Hotels „Seelust" gelegen.

Am 1. Juni 1922 fand die feierliche und offizielle Einweihung der Städtischen Badeanstalt und damit der eigentliche Beginn des Strand- und Badelebens im neuen Ostseebad Eckernförde-Borby statt. Dazu waren zweieinhalb Kilometer Sandstrand hergerichtet und landseitig eine Promenade angelegt worden.

Die Badeanstalt war komfortabel eingerichtet: 15 Zellen für Herren, 15 für Damen und 25 für Familien, außerdem gab es 15 Zellen für Vereine, Schüler, Ausflügler usw. Neben der Bademöglichkeit in der See gab es noch das Angebot von Kalt- und Warmbädern. Leider war das Wetter nur am Eröffnungstag den Gästen hold, so daß sich wie auf diesem Bild von 1922 nur wenige Bademutige einfanden.

Auch diese Aufnahme aus dem kühlen Sommer 1922 ist in der Badeanstalt entstanden und verdeutlicht ein wenig ihre Lage. Der höchste Turm rechts ist der Borbyer Kirchturm.

Es gab aber auch bessere Zeiten, wie die fröhliche Badegesellschaft von 1924 belegt.

Noch zu Beginn der dreißiger Jahre wurde der Beginn der Badesaison offiziell in der Badeanstalt ausgerufen.

Erstmals im Jahre 1930 südlich der „Seelust", dann aber wie auf dem Foto von 1935 nördlich der Badeanstalt, ließ ein privater Sponsor eine Wasserrodelbahn zur Belustigung der Badenden aufstellen.

In den zwanziger Jahren wurde, wie schon zuvor etwa an Sylter Stränden, der Sandburgenbau ein beliebter Ferienspaß, der durch die jährliche Ausrichtung von meist zwei Strandburgenwettbewerben den Ehrgeiz der großen und kleinen Gäste anspornte. Dicht an dicht reihten sich die Burgen 1925.

Im Juli 1926 errang die Burg „Hindenburg" einen 13. Platz bei den Erwachsenen.

Der Phantasie waren keine Grenzen gesetzt. Man erinnerte sich historischer Kunststile wie bei der „Rokoko" genannten Burg, die im Juli 1931 den ersten Preis erhielt ...

... oder ließ ganze Modellschiffe, die bis ins kleinste Detail ausgearbeitet waren („Hamburg-Süd", 11. Platz im Juli 1931), auffahren.

Nach dem Zweiten Weltkrieg begann auch in Eckernförde die Zeit des Campings, wofür die Stadt 1955 einen Platz südlich der TVA an der B 76, beim „Sandkrug", abgrenzte. 1956 wurde der Rundpavillon eingerichtet, der vor allem für die Camper neben einem Laden und einem Aufenthaltsraum auch die sanitären Einrichtungen vorhielt.

Am 18. September 1958 stattete der damalige Bundeskanzler Dr. Konrad Adenauer der Stadt einen Besuch ab. Vor dem Eingang zum „Ratskeller" lauschte er aufmerksam den Worten seines Vorredners, während schräg hinter ihm ein damals noch aufstrebender junger CDU-Politiker Schleswig-Holsteins, Gerhard Stoltenberg, ein wenig ungeduldig scheint.